19762.

...E D'UNE PRÉCIEUSE COLLECTION

DE

MUSIQUE

MANUSCRITS ORIGINAUX

ET

LETTRES AUTOGRAPHES

PARTITIONS, MORCEAUX DE MUSIQUE, CURIOSITÉS, ETC.

Des plus grands compositeurs du XVIII⁰ et du XIX⁰ siècle, tels que :

MOZART, BACH
BEETHOVEN, HAYDN, SCHUBERT
MENDELSSOHN, ETC.

Provenant du Cabinet de

M. Johann KAFKA

Compositeur à Vienne (Autriche)

Dont la vente aura lieu à Paris, hôtel des Commissaires priseurs, rue Drouot, salle n⁰ 9

Le 14 Mai 1881

à trois heures de l'après-midi

Par le ministère de M⁰ Paul PERROT, commissaire priseur, rue Lavoisier, 22

Assisté de M. Eugène CHARAVAY, expert en autographes

PARIS
MAISON GABRIEL CHARAVAY
DIRIGÉE PAR
EUGÈNE CHARAVAY Fils, 8, quai du Louvre

LONDRES
M. A.-W. THIBAUDEAU, 18, Green Street, Saint-Martin's Place

1881

AVIS

Il y aura, le vendredi 13 mai, de deux à cinq heures, **Exposition publique**, à l'Hôtel des commissaires-priseurs, des pièces qui seront vendues le lendemain.

On pourra voir les pièces chez l'expert huit jours avant la vente.

L'authenticité des autographes est garantie sans condition de temps.

On percevra, en sus du prix d'adjudication, cinq centimes par franc, applicables aux frais.

M. Eugène Charavay, expert, chargé de la vente, remplira les commissions qui lui seront confiées par les personnes qui ne pourraient y assister. M. A.-W. Thibaudeau, à Londres, se chargera aussi des commissions.

CATALOGUE D'UNE PRÉCIEUSE COLLECTION

DE

MUSIQUE
MANUSCRITS ORIGINAUX

ET

LETTRES AUTOGRAPHES

PARTITIONS, MORCEAUX DE MUSIQUE, CURIOSITÉS, ETC.

Des plus grands compositeurs du XVIIIᵉ et du XIXᵉ siècle, tels que :

MOZART, BACH
BEETHOVEN, HAYDN, SCHUBERT
MENDELSSOHN, ETC.

Provenant du Cabinet de

M. Johann KAFKA

Compositeur à Vienne (Autriche)

Dont la vente aura lieu à Paris, hôtel des Commissaires priseurs, rue Drouot, salle nᵒ 9

Le 14 Mai 1881

à trois heures de l'après-midi

Par le ministère de Mᵉ Paul PERROT, commissaire priseur, rue Lavoisier, 22
Assisté de M. Eugène CHARAVAY, expert en autographes

PARIS

MAISON GABRIEL CHARAVAY

DIRIGÉE PAR

EUGÈNE CHARAVAY Fils, 8, quai du Louvre

LONDRES

M. A.-W. THIBAUDEAU, 18, Green Street, Saint-Martin's Place

1881

AVIS

Il y aura, le vendredi 13 mai, de deux à cinq heures, **Exposition publique**, à l'Hôtel des commissaires-priseurs, des pièces qui seront vendues le lendemain.

On pourra voir les pièces chez l'expert huit jours avant la vente.

L'authenticité des autographes est garantie sans condition de temps.

On percevra, en sus du prix d'adjudication, cinq centimes par franc, applicables aux frais.

M. Eugène Charavay, expert, chargé de la vente, remplira les commissions qui lui seront confiées par les personnes qui ne pourraient y assister. M. A.-W. Thibaudeau, à Londres, se chargera aussi des commissions.

DE

MUSIQUE
MANUSCRITS ORIGINAUX

ET

LETTRES AUTOGRAPHES

PARTITIONS, MORCEAUX DE MUSIQUE, CURIOSITÉS, ETC.

Des plus grands compositeurs du XVIIIᵉ et du XIXᵉ siècle, tels que :

MOZART, BACH
BEETHOVEN, HAYDN, SCHUBERT
MENDELSSOHN, ETC.

Provenant du Cabinet de

M. Johann KAFKA

Compositeur à Vienne (Autriche)

PARIS

MAISON GABRIEL CHARAVAY

DIRIGÉE PAR

EUGÈNE CHARAVAY Fils, 8, quai du Louvre

LONDRES

M. A.-W. THIBAUDEAU, 18, Green Street, Saint-Martin's Place

1881

PARIS — IMPRIMERIE MOTTEROZ

Rue du Four, 54 bis.

MANUSCRITS ORIGINAUX

ET

LETTRES AUTOGRAPHES

BACH

(JEAN - SÉBASTIEN)

LE PLUS GRAND MUSICIEN DU SIÈCLE DERNIER

Né en 1685, mort en 1750

---

1. **Manuscrit autographe**, formant une suite, avec introduc- — *150—"*
tion, récitatifs, air et choral, 6 p. in-f. Les deux premières
pages sont endommagées par suite de la mauvaise qualité
du papier.

   La Bibliothèque de Berlin possède presque tous les manuscrits de Jean-Sé-
bastien Bach. Celui-ci a été donné par M. A.-C. Muller, son successeur comme
directeur de musique à l'école de Saint-Thomas de Leipzig, à Sigismond Neukomm, lors de son passage dans cette ville.

BEETHOVEN

(LUDWIG VON)

LE GRAND COMPOSITEUR ALLEMAND

Né en 1770, mort en 1827

MORCEAUX DE MUSIQUE

280 — 2. **Composition.**

Manuscrit aut., 4 p. in-f. Ecornure.

Curieuse pièce, de la première période, avec paroles autographes et où l'on remarque la chanson suivante :

Ma chère Henriette,
Charmante brunette,
Egaye mon âme,
Calme mon ardeur,
Fillette aime-moi.

200 — 3. **Manuscrit autographe** avec paroles et musique, 2 p. in-4 obl.

Curieuse pièce, de la première période, dont voici la transcription :

LE PAUVRE COMPOSITEUR.

Dieu des Muses, secondez-moi,
Il ne me vient pas d'idée, aucune idée.
Ah! quel pauvre génie suis-je,
Chaque note me coûte vingt gouttes de sueur,
Et, par moment, ah! je suis inspiré
Par mon génie.... âne!

200 — 4. **Cadence d'un morceau de Mozart**, intitulé : « *Pièce pour un jeu d'orgue dans une montre.* »

Manuscrit aut., 2 p. in-4 obl.

Très curieuse pièce. C'est la copie de la main de Beethoven d'un morceau de Mozart qu'il aimait beaucoup et qu'il considérait comme un des mieux réussis.

Les critiques sont de cet avis et M. Köchel particulièrement fait un très bel éloge de cette composition, digne selon lui de Sébastien Bach. Mozart l'écrivit pour un jeu d'orgue destiné au Musée d'objets d'art de Müller, à Vienne. Elle figure sous le numéro 608 du catalogue Köchel.

5. Egmont. — *120 —*

Manuscrit avec paroles et musique aut., 1 p. 1/2 in-4 obl.

Curieux fragment de ce célèbre opéra, contenant la *Chanson de Claire*.

6. Quatuor, *Œuvre 127*. — *200 —*

Manuscrit aut., 4 p. in-4 obl.

Esquisse pour le final de ce quatuor provenant de M. Schindler, le biographe de Beethoven.

7. Fragment. — *100 —*

Manuscrit aut., paroles et musique, 2 p. in-4 obl. Fatigué. Déchirures enlevant plusieurs mesures.

Esquisse d'une composition italienne.

8. Motifs de compositions. — *130 —*

Manuscrit aut., 4 p. in-4 obl.

Esquisses qui se rapportent, d'après l'opinion de M. G. Nottebohm, à trois de ses compositions, dédiées à l'archiduc Rodolphe d'Autriche, au roi Maximilien de Bavière et au comte F. de Brunswick. — Beethoven aura probablement donné cette pièce en échange ; c'est ce qui paraît résulter, du moins, des lignes suivantes qu'il a ajoutées au bas de la première page : « Que pouvez-vous demander de plus ? Vous avez reçu de moi le *Valet pour le Maître*. N'êtes vous pas encore indemnisé ! Quelle compensation !!! Quel magnifique échange !!!»

9. Fragment. — *100 —*

Manuscrit aut., 2 p. in-4 obl.

Motifs pour l'*Œuvre 131*.

10. Manuscrits autographes, provenant des papiers de Beethoven, connus sous le nom de *Bagatelles*. Ce sont des brouillons, des esquisses qui lui ont servi pour ses principaux ouvrages ; en voici la description : — *500 —*

1° *Œuvre 119* (complet). — *Le Roi des Aulnes*, 2 p. in-4 obl.

2° *Œuvre 126*, n° 1, 3 p. in-4 obl. (complet).

3° *Œuvre 126*, n° 2, avec variantes, 6 p. in-4 obl. (complet).

4° *Œuvre 126*, n° 6, 4 p. in-4 obl. (complet depuis la 13e mesure jusqu'à la fin).

5° *Elise*, morceau pour piano, 4 p. in-4 obl.

6° *Œuvre 75*, n° 3, 4 p. in-4 obl. La 4ᵉ page contient le *Chant de Méphistophélès* du *Faust* de Goëthe.

7° Esquisse pour le même morceau sur différentes sortes de mesures, 4 p. in-4 obl.

8° Fragments de compositions, allegretto, bagatelles iné-dites, etc., 10 p. in-4 obl. Sur un de ces morceaux se trouvent, au commencement et à la fin d'une page, plusieurs lignes autographes de Beethoven.

Ces morceaux, dont quelques-uns sont écrits au crayon, se trouvent renfermés dans une chemise qui porte cette indication de la main même de Beethoven : *Bagatellen.*

11. Manuscrits autographes. Recueil d'esquisses, divisé en 14 parties classées suivant l'ordre des numéros des *Œuvres*. Il contient, suivant M. G. Nottebohm, des esquisses pour les compositions suivantes, qui sont pour la plupart les dernières du maître. Ce précieux recueil, qui n'a pas moins de 170 pages, est des plus curieux ; on pourrait faire une étude très intéressante sur la manière de faire du grand compositeur, car on le voit là à l'œuvre et pour ainsi dire en déshabillé.

1° *Œuvre 67*, 5ᵉ symphonie, commencée en 1805. — *Œuvre 89*, sonate pour piano et violoncelle, composée en 1807 ou 1808, 8 p. in-4 obl.

2° *Œuvre 70*, trio pour piano, violon et violoncelle, 1 p. 1/4 in-4 obl.

3° *Œuvre 62 bis*, *Fidelio*, 1814, 16 p. in-f. ou in-4.

4° *Œuvre 83*, n° 2, *le Désir ardent*, 1810, 2 p. in-4 obl.

5° *Œuvre 84*, *Egmont* de Goëthe, 1810, 4 p. in-4 obl. Ce fragment renferme la chanson de la petite Clara « *Battez la Caisse.* »

6° *Œuvre 93*, symphonie n° 8, 1812, 1 p. 1/2 in-4.

7° Canon, *Courte est la douleur*, 4 p. in-4 obl.

8° *Œuvres 110 et 111*, sonates pour piano, 1821-22, 28 p. in-4 obl.

9° *Œuvre 115*, ouverture pour orchestre dédiée au prince Radziwill. — *C'est fini*, chant final des *Arcs-de-Triomphe*, composition faite pour la célébration de la seconde prise de Paris en 1815, 11 p. in-4 obl.

10° *Œuvre 121 bis*, chant de sacrifice, de Matthisson, 1822, 5 p. in-4 obl.

11° *Œuvre 125*, symphonie n° 9, avec chœur final sur l'ode de Schiller : *A la joie*, 1817. — *Opéra 123*, messe pour 4 voix de solo, chœur et orchestre, 1818. — *Œuvre 119*, 12 bagatelles pour piano, 1822. — *Œuvre 120*, 33 variations sur une valse de A. Diabelli, 1823, en tout 45 p. in-4 obl.

12° *Œuvre 127*, quatuor pour 2 violons, viole et violoncelle, 1824, 6 p. in-4 obl.

13° *Œuvre 130*, quatuor pour 2 violons, viole et violoncelle, 1825-26. Le final, composé en novembre 1826, est, d'après la biographie de Beethoven, par Schindler, la dernière composition achevée du maître. — *Œuvre 135*, quatuor pour 2 violons, viole et violoncelle, 1826, en tout 35 p. in-4. obl.

14° *Œuvre 136*, *le Glorieux Moment*, cantate pour 4 voix de solo, chœur et orchestre, 1814, 4 p. in-4 obl.

AUTOGRAPHES

12. **Lettre autographe signée** à *Antoine Schindler*, compositeur et ami de Beethoven, (1823), 1 p. in-4 obl. Au dos se trouve la transcription de la main de Schindler. — *120 -"*

Curieuse lettre d'un caractère tout intime et relative à des affaires concernant son frère Jean Beethoven.

13. **Lettre autographe signée** à *M. de Haslinger*, (mai 1824), 3 p. in-8 obl. — *130 -"*

Curieuse lettre écrite au crayon et relative à un différend survenu entre lui et M. Duport au sujet de son trio, *Œuvre 116*.

14. **Lettre autographe signée** à *M. de Holz*, 1 p. in-4 obl. — *340 -"*

Epître humoristique des plus curieuses avec quelques mots en français, et qu'il a signée de deux manières différentes dont une en musique sur un curieux système de notes. Il termine par ces mots : *Portez-vous bien monsieur, terrible amoureux. Votre indéclinable ami, Beethoven.*

15. **Lettre autographe signée** à *M. Fischer*, 1 p. in-8 obl. — *120 -"*

Belle et charmante épître.

16. **Lettre autographe signée** à *M. de Gleichenstein*, son ami; Bade, 13 juin, 4 p. in-8, cachet à son chiffre. — *240 -"*

Superbe et intéressante lettre.

17. **Lettre signée** à *MM. Schlesinger*, éditeurs de musique à Berlin; Vienne, 31 mai 1820, 2 p. in-4, cachet. — *230 -"*

Curieuse lettre sur ses ouvrages. Il leur accorde le droit de vendre ses compositions en Angleterre, y compris les airs écossais, aux conditions indiquées par lui. Il s'engage à leur livrer dans 3 mois trois sonates pour prix de 90 florins qu'ils ont fixé. C'est pour leur être agréable qu'il accepte un si petit honoraire.

« Je suis habitué à faire des sacrifices, la composition de mes *Œuvres* n'étant pas faite seulement au point de vue du rapport des honoraires, mais surtout dans l'intention d'en tirer quelque chose de bon pour l'art. »

18. Quittance autographe signée ; Vienne, 1er avril 1820, 1 p. in-f., cachet à son chiffre.

150-

Curieuse pièce. Reçu de la somme de six cents florins pour le paiement de six mois de la rente annuelle que lui sert le prince *Kinsky*, son protecteur.

19. 3 notes autographes, dont une en français, provenant de ses papiers, 3 pages in-8.

30-

20. Document relatif à Beethoven.

100-

Pièce signée du maire et d'un conseiller municipal de la ville de Vienne à BEETHOVEN ; Vienne, 16 novembre 1815, 1 p. in-f. Sceau. Raccommodage.

Curieux document. Ils annoncent à Beethoven qu'ils viennent de lui conférer le droit de bourgeoisie au nom de la ville de Vienne. C'est à l'occasion d'un concert donné par Beethoven au bénéfice de l'hôpital de Saint-Marc, qu'ils lui ont accordé cette distinction ; d'autant plus que l'illustre compositeur ayant bien voulu conduire lui-même l'orchestre, le produit du concert a été beaucoup plus élevé. Ils n'ont pas trouvé de moyen plus propre et plus digne du maître pour lui faire part de tous leurs sentiments de reconnaissance et de gratitude.

21. Rodolphe, archiduc d'Autriche, puis archevêque d'Olmutz, protecteur et élève de Beethoven.

100-

Lettre autographe signée à BEETHOVEN ; 7 juin 1813, 1 p. in-8. Cachet à ses armes. Raccommodage.

Charmante épître. Il vient d'apprendre son arrivée dans sa *chère ville de Baden* (à cinq lieues de Vienne) et l'invite à venir le voir. « Le séjour de quelques jours que j'ai fait ici a déjà influencé si avantageusement sur ma santé que sans craindre pour elle je puis écouter et recommencer à exécuter moi-même de la musique. »

CHERUBINI

(LOUIS-CHARLES-ZENOBIE-SALVATOR-MARIE)

CÉLÈBRE COMPOSITEUR

Né en 1760, mort en 1842.

MORCEAU DE MUSIQUE

22. **Canone Chiuso, a 8 voci,** paroles et musique, avec dédi- — *43 -,*
cace aut. sig. à Sigismond Neukomm; Paris, 19 août
1811, 1 p. in-8 obl. Pièce d'album.

AUTOGRAPHES

23. **Lettre autographe signée** à *Sigismond Neukomm;* Paris, — *60 -,*
19 juin 1809, 3 p. pet. in-4, cachet.

>   Belle et curieuse lettre sur la mort de *Joseph Haydn.* « La musique, dit-il,
> perd beaucoup. Ses ouvrages lui restent, mais c'est un grand malheur qu'il n'en
> puisse plus faire, et qu'il ne soit resté quelqu'un qui puisse le remplacer. »

24. **Lettre autographe signée** à *Sigismond Neukomm;* Paris, — *80 -,,*
19 août 1819, 4 p. pl. in-4.

>   Superbe et charmante lettre intime adressée à Neukomm alors au Brésil. Il
> lui envoie sa *Messe de Requiem,* qu'il vient de publier, et s'estimera très
> heureux qu'elle puisse, en l'occupant quelques instants, mériter son suffrage, et
> le faire ressouvenir d'un ami qui ne l'a jamais oublié et qui l'aimera toujours. Il
> lui donne ensuite des conseils sur sa santé et lui demande quelques plantes
> rares du Brésil bien desséchées pour son herbier. Son fils a une belle collection
> d'oiseaux, aussi lui demande-t-il : « des peaux d'oiseaux les plus jolis et rares,
> bien préparées pour être empaillées ici. »

25. **Lettre autographe signée** à *Sigismond Neukomm;* Dau- — *50 -,,*
mont, près Montmorency, 13 sept. 1825, 2 p. in-4.

>   Curieuse lettre intime pleine de découragement et où l'on remarque ce
> passage : « Quant à moi je crains de fermer mon magasin car je vous avouerai
> franchement, que je suis découragé de travailler pour ce qui se rapporte à la
> surintendance. Quand je vous verrai je vous compterai (*sic*) ce que l'on a eu la
> bonté de faire à l'égard de mon collègue et au mien. »

HAYDN

(FRANZ - JOSEF)

ILLUSTRE COMPOSITEUR, LE CRÉATEUR DE LA SYMPHONIE

Né en 1732, mort en 1809.

MORCEAUX DE MUSIQUE

600 — 26. **Messe en si bémol.**

Manuscrit, paroles et musique, autographe sig., 1802, 105 p. in-4 obl.

Précieuse partition à grand orchestre, portant en tête ces mots : *In nomine Domini. — Dei me Giuseppe Haydn, 1802*, et se terminant par ceux-ci : *Fine laus Deo.* — Tous les manuscrits de Joseph Haydn appartiennent à la famille Esterhazy. Aussi peu de bibliothèques ou de collections particulières en possèdent. Haydn fit hommage de cette pièce unique à Sigismond Neukomm, quelques semaines avant sa mort, survenue en 1809.

150 — 27. **Divertissements 79 et 80,** pour trois instruments.

Manuscrit aut. sig., 1769, 8 p. in-f.

La fin du finale du second divertissement a été ajoutée par *M. Pohl*, compositeur distingué de Vienne.

245 — 28. **Divertissement 106,** pour trois instruments.

Manuscrit aut. sig., 1772, 3 p. in-4 obl.

150 — 29. **Symphonie.**

Fragment aut. sig., 1777, 4 p. in-4 obl.

Commencement de la partition pour orchestre.

AUTOGRAPHES

30. Lettre autographe signée à *MM. Artaria et Cie*, éditeurs — *185.—*
de musique à Vienne; Eisenstadt, 20 juillet 1799, 1/2 p.
in-4, cachet.

> Belle et curieuse lettre, d'autant plus intéressante qu'elle nous apprend que
> le célèbre compositeur ne laissait pas ses manuscrits originaux entre les mains
> des éditeurs, mais qu'il les réclamait aussitôt qu'ils avaient été copiés. On voit
> aussi qu'à cette époque ses compositions étaient éditées par voie de souscrip-
> tions et qu'il inscrivait lui-même sur un livre le nom des souscripteurs.

31. Lettre autographe signée à *M. Georges Halbeg*, fabri- — *120.—*
cant d'instruments de musique à Vienne; Eisenstadt,
3 août 1800, 1/2 p. in-4, cachet à son chiffre. *Superbe*
pièce.

32. Lettre signée à *Sigismond Neukomm;* Vienne, 1807, — *120.—*
2 p. in-4.

> *Très belle lettre.* Il lui donne des encouragements pour son oratorio de *Tobie,*
> qui le rendra fier de son élève.

33. Pièce autographe signée; Vienne, 19 nov. 1800, 1 p. — *90.—*
in-8 obl.

> Reçu de la somme de 324 florins. Suivant l'opinion de M. Pohl, biographe de
> Haydn, cette somme aurait été payée au célèbre compositeur par MM. Breit-
> kopf et Hartel, de Leipzig, pour prix de la partition de la *Création*, un de ses
> principaux ouvrages, imprimé cette même année. Haydn prend, dans cette
> pièce, le titre de *Maître de Chapelle du prince Esterhazy.*

34. Sa signature au-dessous d'une ligne de son écriture, — *39.—*
donnée, peu de jours avant sa mort, à *Sigismond Neukomm,*
1809, 1 p. in-8 obl. Pièce d'album.

---

35. Haydn (MICHEL), maître de chapelle du prince archevêque — *100.—*
de Salzbourg, frère du grand Haydn et jouissant lui-même
d'une haute réputation comme organiste et comme compositeur de musique religieuse.

> AIR AVEC ACCOMPAGNEMENT D'ORCHESTRE, paroles italiennes,
> manuscrit autographe signé, 36 p. in-4 obl.; portant en tête :
> *Di Michele Haydn,* et, à la fin, la date : *Salisburgi, 16 dé-*
> *cembre 1764.*

La plupart des manuscrits de Michel Haydn sont disséminés dans les bibliothèques des couvents de la principauté de Salzbourg. Cette pièce ainsi que la suivante, a été donnée directement par Michel Haydn à son élève Sigismond Neukomm.

120 – **36.** **Menuets pour divers instruments.**

Manuscrit autographe signé, 12 p. in-4 obl., portant en titre ces mots : *Menuetti à piu Stromenti, di G. Mich. Haydn,* et se terminant par cette date : *7 Martij 1791.*

50 – **37.** **Canon à 8 voix,** paroles et musique, aut. sig.; Vienne, 16 oct. 1798, 1 p. in-8 obl. Pièce d'album.

MENDELSSOHN-BARTHOLDY

(FÉLIX)

CÉLÈBRE COMPOSITEUR ALLEMAND

Né en 1809, mort en 1847.

MORCEAUX DE MUSIQUE

38. **Symphonie pour instrument à cordes.** — — — — *685 – "*

Manuscrit autographe signé, 30 p. in-f.

PRÉCIEUX MANUSCRIT d'une symphonie composée par Mendelssohn en 1823, c'est-à-dire à 14 ans, et restée INÉDITE. Il l'a faite pour son ami *Edouard Rietz* dont il parle dans une lettre cataloguée sous le nº 40. Cette symphonie se compose d'une introduction grave, puis de quatre compositions : Allegro, andante, scherzo et allegro vivace qui se termine en presto.

39. **Canon à 3 voix,** morceau de musique avec dédicace autographe signée à *Sigismond Neukomm;* Paris, 1825, 1 p. in-8 obl. Pièce d'album. *90 – "*

AUTOGRAPHES

40. **Lettre autographe signée** à *Jules Rietz;* Berlin, 20 janvier 1833, 1 p. in-18. *75 – "*

Touchante épître adressée au frère de son ami *Edouard Rietz*, violoniste distingué, fondateur de la Société philharmonique de Berlin, mort un an auparavant. Il lui envoie un morceau de musique qu'il avait destiné à son frère. « Mais à dire vrai, bien que toutes mes œuvres devront lui être dédiées et que je ne puisse trouver de plaisir dans aucun morceau de musique sans penser à lui, il me semble que sans lui ce morceau ne pourrait ni vivre ni produire une bonne impression, et quand j'en regarde une mesure, je me figure la voir et l'entendre jouer par lui. »

41. **Lettre autographe signée** *Félix M. B.* à Jules Rietz, 1 p. in-18. *80 – "*

Charmante épître avec plusieurs notes de musique.

MOZART

(JEAN-CHRYSOSTOME-WOLFGANG-AMÉDÉE)

ILLUSTRE COMPOSITEUR

Né en 1756, mort en 1791.

MORCEAUX DE MUSIQUE

*340-*42. **Manuscrit** avec paroles et musique aut., 1778, 1 p. in-8 obl.

> PRÉCIEUSE PIÈCE. Morceau de musique composé par lui dans sa jeunesse pour Mlle *Aloysia Weber*, connue à Paris sous le nom de *Mademoiselle Lange*, qu'il courtisa tout d'abord et qui était la sœur de *Constance Weber* qui devint plus tard sa femme. On remarque des variantes très curieuses avec l'impression. Au bas se trouvent deux lignes autographes de *Constance Weber*, qui certifie l'authenticité de cette pièce unique.

300- 43. **Manuscrit** avec paroles et musique aut. sig., 2 p. in-4 obl. un peu fatigué. Légère tache.

> PRÉCIEUSE PIÈCE de la première période de Mozart. Elle contient deux chansons composées par lui à l'âge de douze ans. Elles figurent dans le catalogue *Köchel* sous les numéros 52 et 53.

*420-*44. **Quintetto** pour piano, hautbois, clarinette, cor et basson. Manuscrit aut., 2 p. 1/2 in-4 obl.

> Ce quintetto dont nous n'avons que le finale a été composé à Vienne, le 30 mars 1784. Mozart, dans une lettre qu'il écrivit à son père, le 10 avril de la même année, prétend que c'est ce qu'il a écrit de mieux de sa vie.

*290-*45. **Cadence de la symphonie concertante pour violon et viole,** composée en 1779 ou 1780. Manuscrit aut., 1 p. in-4 obl.

> Cette composition figure dans le catalogue des œuvres de Mozart du chevalier *Köchel* sous le n° 364. On a joint une lettre autographe d'*Aloys Fuchs*, histo-

riographe de la chapelle impériale de Vienne, compositeur distingué, et dont la collection musicale avait une grande célébrité en Allemagne. Cette lettre est relative à ce manuscrit.

AUTOGRAPHES

46. Lettre autographe signée *W. Mzt* à son père Léopold Mozart, maître de chapelle de S. A. R. l'archevêque de Salsbourg; (Mannheim, 7 février 1778), 2 p. in-8 obl., cachet. — *1,750 —*

SUPERBE ET PRÉCIEUSE LETTRE sur ses amours, écrite à l'âge de 22 ans. Mozart courtisait les deux sœurs *Weber : Constance*, qu'il épousa en 1782 contre l'assentiment de ses parents, et *Aloïse*, qui se fit entendre plus tard à Paris sous le nom de *Mademoiselle Lange :* « Dans ma dernière lettre, j'ai oublié le plus grand mérite de Mlle Weber, c'est qu'elle chante admirablement, *cantabile...* Je vous recommande la pauvre mais brave Mlle Weber de tout mon cœur, *caldamante* comme disent les Italiens. Je lui ai donné 3 airs de *De Amicis*, la scène de la *Duscheck* et les quatre airs de *Re Pastore...* » etc. Cette lettre a fait partie de la célèbre collection de *M. Aloys Fuchs.*

47. Lettre autographe signée à son ami *Gottf. Jacquin,* à Vienne; Prague, 15 janvier 1787. 4 p, pl. in-4. — *2,050 —*

La plus belle et la plus importante lettre connue de l'illustre compositeur. A son arrivée à Prague avec sa femme et plusieurs amis, le *vieux* comte de Thun les *régala* d'une musique exécutée par ses propres gens et qui dura près d'une heure et demie. « A six heures je montai en voiture avec le comte Canal et nous nous rendîmes à ce qu'on appelle le bal de Largechamp, où l'élite des beautés de Prague a l'habitude de se réunir. Voilà ce qui aurait fait votre affaire, mon ami ! Il me semble vous voir... vous croyez peut-être courir... non, marcher en boitant après toutes ces belles demoiselles et ces belles femmes ?... Je n'ai pas dansé et je ne me suis pas non plus avancé auprès de ces dames, tout d'abord parce que j'étais fatigué, et ensuite à cause de ma timidité naturelle, mais je regardais avec le plus grand plaisir tout ce monde sauter si joyeusement au son de la musique de mon *Figaro* transformé complètement en contredanses et en valses allemandes, car ici on ne parle que de *Figaro*, on ne joue, on ne sonne, on ne chante et on ne siffle que *Figaro*, on ne fréquente d'autre opéra que *Figaro*, et toujours *Figaro*, ce qui est un grand honneur pour moi. » Il lui donne ensuite une relation fidèle et très spirituelle de la manière dont il passe son temps. Il vient d'aller à l'Opéra, on jouait le *Gare generose*. Le 19 il doit donner une représentation qui sera probablement suivie d'une autre. Pendant le voyage, ils ont inventé des noms pour chacun d'eux. Le sien, qui donnera une idée de ce que sont les autres, est *Puxhititli*, celui de sa femme *Schabla Pumfa*, etc. Il termine par cette phrase : « Jeudi, je verrai et j'entendrai *Figaro*, si d'ici là je ne deviens pas sourd et aveugle. Cela ne m'arrivera peut-être qu'après la représentation. »

48. Relique. — — — — — — — *115 —*

Cheveux de *Mozart*, provenant de l'héritage de son fils.

On a joint un certificat daté de Vienne, le 25 nov. 1852, de Mme Joséphine de Baroni-Cavalcabo, grande admiratrice de Mozart, et qui en a fait don au fils aîné du grand compositeur.

40 -.. 49. Mozart (Léopold), maître de chapelle à Salzbourg, le père de Mozart, mort en 1787.

Pièce aut., (1770), 2 p. in-18.

Pièces de vers en italien et en latin en l'honneur de Mozart. D'après une note de M. de Nissen, second mari de Constance, veuve de Mozart, ces poésies, faites par des admirateurs du talent du grand artiste, étaient envoyées à Mozart par son père pendant le célèbre voyage d'Italie en 1770.

50 -.. 50. Mozart (Léopold).

Pièce aut., 8 p. in-4.

Curieuse pièce contenant la liste de toutes les personnes à qui Mozart et sa famille ont rendu visite pendant son voyage de 1770 en Italie. On remarque, au milieu de noms illustres, ceux du pape Clément XIV, des cardinaux Pallavicini, Albani et Orsini, des principales familles princières d'Italie, puis d'un grand nombre d'artistes, musiciens, peintres, etc.

675 -.. 51. Mozart (Marie-Anne), sœur de Mozart, femme du conseiller Berthold, baron de Sonnenbourg, pianiste très distinguée, qui accompagna son frère dans ses voyages, née en 1751, morte en 1830.

Manuscrit autographe, 1783, 28 pages in-8. Deux pages sont de la main du père de Mozart. Il existe une lacune du 4 juin au 4 septembre.

Précieuse pièce. Journal de la sœur de Mozart, contenant jour par jour le récit des faits les plus importants qui se sont passés pendant les différents voyages que son frère fit avec elle de janvier à octobre 1873. C'est une relation fidèle où l'on trouve les détails les plus piquants sur l'accueil fait à Mozart, ses succès, ses relations, l'exécution de ses ouvrages, etc. Pour donner une idée de l'importance de ce manuscrit, nous citerons les faits suivants, qui se rapportent à son séjour dans la capitale de l'Autriche : Vienne, 9 février. Représentation au théâtre de la Comédie-Française de l'opérette *le Tableau parlant* et d'un ballet-pantomime russe. — 10 février. Représentation de la comédie-française *la Fausse Agnèse* et du ballet *Serva patrona*, de Pergolèse. — 12 février. Représentation des *Français à Londres*. Liste des acteurs et actrices du Théâtre-Français. — 11 avril. Exécution du *Miserere* de Fumelli. — 13-14 avril. Audition des *Litanies* de Mozart et d'Haydn. — 7 mai. Séance de physique expérimentale. — 23 octobre. Répétition de la *Messe* de Mozart (n° 87 du catalogue Köchel). — 27 octobre. Mozart écrit pour Michel Haydn, alors empêché par une maladie, 2 sonates pour violon et viole destinées à l'archiduc (elles ont paru plus tard sous le nom de Mozart), etc.

100 -. 52. Mozart (Constance), pianiste distinguée, femme du grand Mozart, puis du conseiller de Nissen, morte en 1842.

Lettre autographe signée ; Munich, 7 août 1828, 1 p. 3/4 in-4.

On a joint à cette lettre 4 pièces aut., dont une signée du conseiller d'Etat de Nissen, son mari.

SCHUBERT

(FRANZ)

ILLUSTRE COMPOSITEUR ALLEMAND

Né en 1797, mort en 1828

MORCEAUX DE MUSIQUE

53. Cantate pour le jubilé de la cinquantaine du célèbre — *200 -"*
Antonio Salieri, maître de chapelle.

> Manuscrit avec paroles et musique aut., 4 p. 1/2 in-4 obl.

> Précieuse pièce. Cette cantate faite par Schubert à l'âge de 19 ans en l'honneur de Salieri, qui était son professeur, fut composée en 1816, et exécutée le 16 juin de la même année. Elle n'a pas été imprimée et Schubert est l'auteur des paroles et de la musique.

54. Salve Regina, hymne à la Madone pour chœur avec — *200 -"*
accompagnement d'orgue ou de piano.

> Manuscrit avec paroles et musique aut. sig., 21 février 1816, 6 p. 1/2 in-4.

> Composition remarquable, d'une beauté saisissante.

55. Je pense à lui, de *Goëthe*, et le **Chant du matin du poète,** — *165 -"*
de *Körner*, paroles et musique aut. sig., 27 février 1815, 2 p. in-4 obl.

> Le *Chant du matin* de Körner est inédit.

56. Consolation (Trost), poésie de *Mayerhofer*. — — — *160 -"*

> Manuscrit avec paroles et musique aut. sig., oct. 1819, 2 p. in-4 obl.

57. Le Printemps (Fruhlingsglaube), poème de *Uhland*. — *135 -"*

Manuscrit avec paroles et musique aut. sig., novembre 1822, 9 p. in-4.

Les cinq premières pages sont remplies par un autre poème *Fahrt zum Hades*, dont la musique est également de Schubert mais qui est écrit par un copiste.

58. Ouvertures pour opéra (deux), 95 p. in-4 obl. de la main d'un copiste.

Ces deux ouvertures, suivant l'indication de M. Ferdinand Schubert, frère de François, n'ont été ni représentées ni imprimées.

59. Relique.

Cheveux de *Schubert,* renfermés dans un médaillon en or entouré de six améthystes.

Cette précieuse relique provient de M. André Schubert, frère du célèbre compositeur, qui par un certificat de sa main en garantit l'authenticité et en indique la provenance.

VOGLER

(L'ABBÉ GEORGES-JOSEPH)

CÉLÈBRE COMPOSITEUR ET THÉORICIEN, MAITRE DE BEETHOVEN
DE WEBER ET DE MEYERBEER

Né en 1769, mort en 1814.

MORCEAU DE MUSIQUE

60. **Dédicace** suivie d'une salutation musicale, aut. sig., à — *80 - "*
Sigismond Neukomm, Munich, 1808, 1 p. in-8 obl. Pièce
d'album.

AUTOGRAPHE

61. **Lettre autographe signée** *V.* à *Sigismond Neukomm;* — *50 - "*
Munich, 5 Oct. 1808, 1 p. in-4.

    Belle et charmante épître, par laquelle il le remercie de la lettre qu'il lui a
écrite et le prie de le rappeler au souvenir « du père Haydn et de
Mme Mozart. »

WEBER

(CARL-MARIA-FRIEDRICH-AUGUSTE VON)

UN DES PLUS CÉLÈBRES COMPOSITEURS DE L'ALLEMAGNE

Né en 1786, mort en 1826.

MORCEAU DE MUSIQUE

185-, 62. **Le Phare (Teuchtthurm)**, de *Houwald*.

Manuscrit avec paroles et musique aut. sig., 19 avril 1820,
2 p. in-4 obl.

AUTOGRAPHES

210- 63. **Lettre autographe signée** *Carl* à Mlle Caroline Brandt,
cantatrice au théâtre de Prague; 27 janvier 1817, 1 p. in-4.
Un peu rognée en tête dans la partie blanche. Légère déchi-
rure enlevant quelques mots, par suite de la rupture du
cachet.

Charmante lettre intime adressée à sa fiancée. Il prend le nom de *Mops* et
l'appelle *Muts.* « Le stupide Mops est tout à fait triste et désolé, et il ne peut
plus retrouver sa gaieté. » Il la plaisante sur son ignorance des choses de la
vie et en particulier de tout ce qui touche au théâtre. « Comment peux-tu croire
que dans la carrière d'artiste tout puisse se passer sans chagrin et sans
circonstances pénibles. Tu es une enfant bien naïve ! et tâche de me redevenir
joyeuse, sans cela je t'appellerai de nouveau un polichinelle mélancolique. »
Détails sur sa situation qui est loin d'être brillante, mais qui ne l'inquiète
nullement. Elle voulait lui venir en aide, mais il refuse. « Juive que tu es, tu
veux me prêter de l'argent ? Je serais vraiment bien fou, tu m'enlèverais la
peau par-dessus les oreilles. Ma chère Mutz, je te remercie, et pour le moment
je n'ai besoin de rien; du reste, il faut bien qu'on me paye aussi, car je ne
travaillerai pas pour rien. »

145-, 64. **Lettre autographe signée** à *M. F.-L. Schmidt*, directeur
du théâtre de Hambourg; Dresde, 15 déc. 1823, 1 p. in-4.

Curieuse lettre relative à la représentation, à Hambourg, de son opéra
d'*Euryante*. Il demande quarante frédérics d'or, plus un droit à détermner
pour l'auteur du livret (Mme de Chésy). — Au dos se trouve la minute de la
réponse de M. Schmidt qui trouve ses conditions trop élevées et demande une
diminution. (L'*Euryanthe*, que l'on considère aujourd'hui, avec le *Freyschütz* et
Obéron, comme un de ses principaux ouvrages, a été tout d'abord représenté
sans succès à Vienne, le 25 octobre 1823.)

DIVERS

65. **BAINI (Giuseppe)**, compositeur italien, écrivain sur la musique, né en 1776.

Canon à 16 voix, paroles et musique, avec dédicace autographe signée à *Sigismond Neukomm;* Rome, 16 juill. 1826, 3 p. in-8 obl. Pièce d'album.

66. **BERLIOZ (Hector)**, célèbre compositeur, auteur de la *Damnation de Faust*, né en 1803, mort en 1869.

Pièce aut., 11 janv. 1846, 1 p. in-4.

Programme composé par lui, d'un grand concert qu'il devait donner à Vienne avant son départ pour Prague.

67. **BIGOT (Marie)**, célèbre pianiste, qui donna des leçons à Mendelssohn, amie d'Haydn, de Beethoven et de Salieri, née en 1786, morte en 1820.

Lettre autographe signée à *Sigismond Neukomm*, 13 juin 1814, 1 p. in-8.

Charmante épître.

68. **BŒHNER (Jean-Louis)**, pianiste, organiste distingué et compositeur allemand, né le 8 janvier 1787, mort le 28 mars 1860.

Der Dreyherrenstein (la Pierre des trois Seigneurs), opéra tragico-comico-dramatique en 2 actes, manuscrit, paroles et musique aut. sig., 189 p. in-4 obl., relié en 1 vol.

Cet opéra, suivant Fétis, n'a jamais été représenté, ni imprimé. L'ouverture seule, qui se trouve en tête du volume, a été publiée.

69. **CRESCENTINI (Girolamo)**, un des plus grands chanteurs soprano de l'Italie, compositeur, né en 1769, mort en 1846.

Compliment, paroles et musique avec dédicace aut. sig. à *Sigismond Neukomm*, 1 p. in-8 obl. Pièce d'album.

70. DONIZETTI (Gaetano), illustre compositeur italien, auteur de *Lucie de Lammermoor* et de *la Favorite*, né en 1798, mort en 1848.

Lettre autographe signée à **M.** Leborn, 1 p. in-8.

Jolie lettre contenant de la musique et relative à un changement demandé par le chanteur Duprez dans un de ses opéras.

71. DUSSEK (J.-L.), illustre pianiste et compositeur bohémien, né en 1761, mort en 1812.

Canone a la duodecima, morceau de musique avec envoi autographe signé, en français, à *Sigismond Neukomm*. Paris, 1811, 2 p. in-8 obl. Pièce d'album.

72. GOUNOD (Charles), célèbre compositeur, auteur de *Faust*, né en 1818.

A Mademoiselle Julie Pasdeloup, qui me demande un autographe, récitatif, paroles et musique aut. sig., 1864, 1 p. in-8 obl.

73. GRÉTRY (Modeste), célèbre compositeur, l'auteur de *Richard Cœur-de-Lion*, né à Liège.

Le Prisonnier anglais, opéra en 3 actes, paroles et musique, aut., (1787), 1 vol. in-f.

Précieuse partition originale, écrite en partie par Fétis père, sous la dictée de Grétry et en partie par Grétry lui-même.

74. HORSLEY (William), savant harmoniste anglais, né en 1774, mort en 1858.

Choral canon, two in one, paroles et musique avec dédicace aut. sig. à *Sigismond Neukomm*, 1831, 1 p. in-8. Pièce d'album.

75. HUMMEL (Johann-Népomucène), compositeur et pianiste, élève de Mozart, ami de Beethoven, né en 1778, mort en 1837.

Phrase musicale, avec dédicace aut. sig. à *Sigismond Neukomm;* Paris, 1825, 1 p. in-8 obl. Pièce d'album.

76. MEYERBEER (Giacomo), le grand compositeur, auteur de *Robert-le-Diable* et des *Huguenots*, né en 1794, mort en 1864.

Fantaisie sur l'ouverture de struansee, morceau de musique aut. sig., 1 p. in-8 obl.

77. MILDER (Jeannette), célèbre cantatrice allemande, née en — *15 —*
1785, morte en 1838.

> Dessin représentant un bouquet de fleurs, charmante petite gouache avec dédicace aut. sig. à *Sigismond Neukomm*; Vienne, 17 janv. 1815, 2 p. in-8 obl. Pièce d'album.

78. MOSCHELES (Ignace), célèbre compositeur allemand, fon- — *31 —*
dateur de l'école moderne du piano, né en 1794.

> Harmonie a deux voix, morceau de musique, avec dédicace aut. sig. à *Sigismond Neukomm*; Londres, 1831, 1 p. in-8 obl. Pièce d'album. — *43 —*

79. MOSCHELES.

> Lettre autographe signée à Sigismond Neukomm; Leipzig, 14 oct. 1857, 4 p. pl. in-8.
>
> Lettre humoristique des plus curieuses dans laquelle il se moque quelque peu de son exaltation pour la harpe d'Éole. Il est vrai qu'il la préfère encore aux barbaries de l'école des Listz et consorts. Comme exemple il transcrit : 1° un fragment d'une sonate de Listz; 2° la fin d'*Orphée*, du même; 3° la fin d'un concerto du même.

80. NADERMANN (F.-J.), célèbre harpiste et compositeur, — *20 —*
professeur au Conservatoire, né en 1773, mort en 1835.

> Adieu, paroles et musique aut. sig.; Paris, 5 févr. 1814, 1 p. in-8 obl. Pièce d'album.

81. REISSIGER (Charles-Théophile), célèbre compositeur — *25 —*
de musique allemand, ami de Weber, né en 1798.

> Canon a l'Octave, morceau de musique avec dédicace aut. sig. à *Sigismond Neukomm*; Dresde, 1850, 2 p. in-8 obl. Pièce d'album.

82. RIES (Ferdinand), célèbre pianiste et compositeur allemand, — *30 —*
né en 1784, mort en 1838.

> Phrase musicale, avec dédicace aut. sig. à *Sigismond Neukomm*; Londres, 1831, 1 p. in-8 obl. Pièce d'album.

83. ROCHLITZ (Frédéric), célèbre critique musical allemand, — *10 —*
ami de Mozart, né en 1770.

> Pièce autographe signée, 1808, 1 p. in-8 obl. Pièce d'album.
>
> Copie de quatre vers de *Schiller*.

84. ROCHLITZ. — *21 —*

> Lettre autographe signée à *Sigismond Neukomm*; Leipzig, 11 nov. 1829, 1 p. in-4 obl. Cachet.
>
> Belle et intéressante lettre.

85. SALIERI (Antonio), célèbre compositeur italien, né en 1750, mort en 1825.

> Canón indéfini a deux voix, paroles et musique aut. sig., dédié à *Sigismond Neukomm*, 1815, 1 p. in-8 obl. Pièce d'album.

86. SCHUMANN (Robert), compositeur allemand distingué, né en 1810, mort en 1856.

> Lettre autographe signée au violoniste *Panofka* ; Leipzig, 6 avril 1835, 1 p. in-4. Cachet. Un peu fatiguée, petite déchirure atteignant légèrement le texte, par suite de la rupture du cachet.
>
> Curieuse lettre. Il le remercie de l'envoi de ses derniers comptes rendus, notamment de celui de la *Juive* et lui donne des détails intéressants sur la prospérité de son nouveau journal *le Critique musical*.

87. SPONTINI (Gaspare-Luigi-Pacifico), compositeur italien, directeur de la Chapelle de Napoléon Ier, auteur de la *Vestale* et de *Fernand Cortez*, né en 1779, mort en 1851.

> Adieu, paroles et musique aut. sig. à *Sigismond Neukomm* ; Paris, 5 févr. 1814, 1 p. in-8 obl. Pièce d'album.

88. SPONTINI.

> Lettre autographe signée à *Sigismond Neukomm* ; Sèvres, 9 juill. 1818, 4 p. pl. in-4. Fatiguée.
>
> Très curieuse lettre, écrite à Neukomm alors au Brésil. Il lui annonce l'envoi de sa partition de *Fernand Cortez* et des *Œuvres de Haydn*. Dans quelques jours il mettra son *Olympie* en répétition. Tout ce que connaissait Neukomm de ce dernier ouvrage a été jeté au feu. Détails sur la nouvelle partition. Il vient d'être nommé chevalier de la Légion d'honneur. Plusieurs propositions lui sont faites pour Naples, Berlin, etc. Méhul et Nicolo sont morts. Catel vient de donner deux ouvrages : « Chute complète bien méritée par les auteurs et par le compositeur. Toute la glace du Nord a couvert cette nouvelle production, composée de mille vieilleries. »

89. WAGNER (Richard), l'auteur du *Tannhauser*.

> Lettre autographe signée ; Biebrich, 12 octobre 1862, 2 p. in-8.
>
> Belle et curieuse lettre sur son élection comme membre honoraire de la Société lyrique de Francfort.

90. Collection de 36 cartes de visite manuscrites ou avec plusieurs lignes autographes des compositeurs suivants : Balfe, Berlioz, Gade, Joseph Haydn (curieuse carte imprimée avec une portée musicale), Himmel, Liszt, Alexis Lvoff, Pacini, Meyerbeer, Robert et Clara Schumann, Thalberg, Vieuxtemps, Richard Wagner, Johann Wagner, Josef Gung'l ; les cantatrices Jenny Lind, Hasselt Barth et Wilhelmine Schröder-Devrient ; Hans von Bülow, etc. Réunion unique des plus curieuses.

CABINET

D'AUTOGRAPHES

DE LA

Maison Gabriel CHARAVAY

DIRIGÉE PAR

EUGÈNE CHARAVAY FILS, EXPERT EN AUTOGRAPHES

(Ancienne Maison CHARON, puis Aug. LAVERDET)

FONDÉE EN 1838

Quai du Louvre, 8

Galerie d'autographes, sorte de musée autographique où les pièces sont disposées dans des cadres, avec l'indication des prix.

Collection considérable d'autographes des célébrités de tous genres : souverains, hommes d'État, littérateurs, savants, peintres, dessinateurs, graveurs, musiciens, acteurs et autres artistes ; nombreux cartons de pièces relatives aux provinces de France et aux familles nobles.

Grand choix d'autographes pour l'illustration des livres.

L'authenticité des autographes est garantie, sans *condition de temps*, c'est-à-dire *d'une manière absolue.*

Achat de collections d'autographes, *au comptant;* rédaction de catalogues, ventes à l'amiable ou aux enchères pour le compte des possesseurs.

Publications de la Maison Gabriel CHARAVAY

DIRIGÉE PAR

EUGÈNE CHARAVAY FILS, EXPERT EN AUTOGRAPHES

8, Quai du Louvre

REVUE

DES

AUTOGRAPHES

FONDÉE EN 1866 PAR GABRIEL CHARAVAY

PARAISSANT CHAQUE MOIS, SOUS LA DIRECTION

DE

Eugène CHARAVAY Fils

PRIX DE L'ABONNEMENT, POUR UN AN (DOUZE NUMÉROS) :

FRANCE, **3 fr.**; ÉTRANGER, **4 fr.**

Le n° 68, qui est sous presse, contiendra :

1° Une Notice sur la collection qui fait l'objet du présent Catalogue ;

2° Comme d'ordinaire, une série d'autographes à prix marqués.

NOBILIAIRE FRANÇAIS

OU

CATALOGUE

PAR ORDRE ALPHABÉTIQUE

D'UNE IMPORTANTE COLLECTION DE PIÈCES MANUSCRITES

ÉMANÉES DES FAMILLES NOBLES DE FRANCE

ou les concernant

EN VENTE CHEZ EUGÈNE CHARAVAY FILS

Ce Catalogue se composera d'environ 20 livraisons qui seront adressées aux personnes qui en feront la demande. Les trois premières livraisons, comprenant les lettres de **A** à **CHA**, ont paru.

Paris. — Imp. Motteroz, 54 bis, r. du Four.